MEMOIRE,

POUR Maître Jean Bonnet sieur de Bigorne, Lieutenant Particulier au Siege Presidial de Châtillon sur Indre, & Maître François Morin, Subftitut de Monfieur le Procureur General, Intimez pris à partie, Deffendeurs & Demandeurs.

CONTRE *Dame Marguerite Chauvelin, veuve de feu Loüis de la Pivardiere, Ecuyer fieur du Bouchet.*

FRERE *Sylvain François Charroft, Prieur Clauftral de l'Abbaye de Miferay, Claude Regnault, Loüis Jollet, Valets domeftiques dudit Prieur, Appellans, Demandeurs & Deffendeurs.*

ET *encore contre le foy difant Loüis de la Pivardiere, Demandeur en Requête d'intervention.*

L'Affaffinat du fieur de la Pivardiere, Gentilhomme de la Province de Berry, dont les Juges de Chaftillon fe font trouvéz obligez d'informer, a donné lieu à la prife à partie dont il s'agit.

Un Prêtre Prieur Clauftral d'une Abbaye, & une femme mariée, accufez d'être les principaux acteurs de cette fanglante & cruelle fcene, parroiffent l'ouvrir par l'adultere & le facrilege, & la terminer par le meurtre & l'affaffinat, dont ils tâchent d'éviter les fuites par un cahos prefqu'impenetrable d'impoftures & de chicanes ; c'eft la reffource ordinaire des criminels, qui aprés avoir affecté le fecret dans les crimes qu'ils commettent, s'imaginent pouvoir tromper les lumieres des Juges & du public par adreffe & par intrigue pour s'en procurer l'impunité.

Si les accufez s'étoient contentez des moyens legitimes dont l'innocence fe peut fervir, fans attaquer la reputation & l'honneur de leurs Juges ; les Intimez n'auroient jamais rendu publics les crimes dont les accufez font prévenus ; mais puifqu'on les a mis dans la neceffité de détruire dans le monde les foupçons qu'on a voulu donner de leur conduite ; ils fe trouvent forcez d'expofer au public les preuves qui ont

A

excité leur ministere à pourfuivre les accufez; c'eft donc à leur temerité feule qu'ils fe doivent prendre de tout ce que les Intimez ont été
obligez de faire plaider à l'audience, & de ce qu'ils écriront dans ce
Memoire.

Pour ne point fortir du caractere de Juges, ils n'oppoferont aux calomnies que les accufez ont avancées contre-eux que le fimple recit du
fait, tel qu'il eft venu à leur connoiffance, après quoi ils laifferont
au public à juger de la force des preuves de l'affaffinat du fieur de la
Pivardiere, & de la juftice de la pourfuite qu'ils ont faite pour en
connoître la verité. Leur intention n'eft donc point de decider à quoi
les preuves telles qu'elles font les peuvent déterminer dans la fuite,
ni d'affecter de demeurer Juges de cette affaire; mais fi la Cour trouve qu'il foit du bien de la Juftice de leur renvoyer ce procés, in-
ftruits de ce qu'ils doivent au public & aux particuliers, ils ne s'écar-
teront jamais de leur devoir.

Pour s'expliquer avec ordre, on fe renfermera dans deux propo-
fitions; la premiere contiendra le fait qui a donné lieu aux Juges de
Chaftillon d'informer & de décreter; la feconde fervira de réponfe aux
prétendus moyens de prife à partie.

PREMIERE PARTIE.

Sur la fin de l'année 1687. le fieur de la Pivardiere époufa Dame
Marguerite Chauvelin, pour lors veuve du fieur de Menou.
Le public fçait affez que la conduite de la Dame de la Pivardiere qui parut peu reguliere à fon mari, troubla la paix de ce
fecond mariage peu de temps après qu'il fut contracté. Le fieur
de la Pivardiere fe trouvant obligé au commencement de l'année 1689.
de fe rendre où les ordres du Roy l'appelloient, laiffa fa femme mai-
treffe d'elle-même, l'occafion étoit trop favorable pour n'en pas profiter; elle trouva des difpofitions pareilles aux fiennes dans le Prieur de
Miferay voifin & Prieur de Nerbonne, lieu de fa demeure; ils lierent
bien-tôt entre eux un commerce trop familier, leur intrigue fut d'a-
bord fecrete, les marques exterieures de pieté que portoit le Prieur,
empêchoient les voifins de mal interpreter leurs longues & frequen-
tes vifites, ils n'ofoient former les foupçons qu'on auroit eüs des vifites d'un Cavalier; mais enfin, foit que la familiarité les rendît moins
circonfpects, ou que les voifins fuffent devenus plus curieux, leur
commerce fut découvert, après que quelques-uns eurent affuré qu'ils
en avoient été les témoins oculaires; plus de cinquante témoins ont
dépofé du fait d'adultere devant l'Official de Bourges, qui par fa Sen-
tence du premier Fevrier 1698. condamne par coutumace le Prieur
de Miferay, *comme atteint & convaincu d'avoir depuis plufieurs années
entretenu avec fcandale un mauvais commerce avec la femme du fieur de
la Pivardiere.*

Quoi-que d'ordinaire le mari n'apprenne que le dernier les nouvelles de son des-honneur, le sieur de la Pivardiere en fut instruit par quelques amis trop officieux, on peut juger de son ressentiment.

Aprés quelques avertissemens assez doux pour un mari qui se croit des-honoré, voiant ses ordres méprisez, il s'emporta & menaça hautement le Prieur de Miseray & sa femme, de porter la vengeance aux dernieres extremitez s'ils continuoient de se voir. Ils gardoient quelques mesures pendant son séjour à Nerbonne; mais si tôt que le service l'obligeoit à quitter sa maison, la Dame recevoit tous les jours le Prieur chez elle, au vû & au sçû de tout le monde.

Un mouvement de jalousie ramene inopinément le sieur de la Pivardiere en 1697. il se trouve le 15. d'Aoust au matin au Bourg-dieu, éloigné de sept lieües de sa maison: le nommé François Marsau, Maçon du Village de Jeu, Parroisse de Nerbonne, qui a déposé dans l'information, s'y rencontra par hazard, surpris de ce qu'il s'arrêtoit dans ce Village, au lieu d'aller descendre droit chez lui, lui en demanda la raison, le sieur de la Pivardiere toûjours rempli des idées que la jalousie lui mettoit en tête, & penetré de la douleur qu'un tel affront peut inspirer à un homme d'honneur, répondit qu'il *vouloit attendre qu'il fût plus tard, & n'arriver à Nerbonne que sur le soir pour y trouver le Prieur de Miseray, & qu'il auroit sa vie ou que le Prieur auroit la sienne.* Ces paroles que la colere lui fit prononcer furent rapportées à la Dame de la Pivardiere & au Prieur de Miseray.

En effet, le sieur de la Pivardiere arriva à Nerbonne le même jour quinze d'Aoust aprés le Soleil couché; il trouva à table dans la Salle de sa maison plusieurs Gentilshommes & Dames du voisinage que la devotion du jour avoit attirées à la Chapelle du Château, avec le Prieur de Miseray: à son abord tout le monde se leve pour le complimenter sur son heureux retour; la Dame de la Pivardiere seule ne se leva pas de son siege: quoi-que la mesintelligence qui étoit dans leur ménage fût connuë de la compagnie, cette conduite parut bizarre. Quoi, lui dit une Dame: *Est-ce ainsi qu'une femme doit recevoir son mary qu'elle n'a vû depuis long-temps?* Le sieur de la Pivardiere prenant la parole, répondit à cette Dame, *je suis son mari, il est vrai, mais je ne suis pas son ami;* il n'en dit rien davantage pour lors, pour ne pas faire peine aux personnes qu'il trouvoit chez lui.

Le souper étoit déja fort avancé lors de l'arrivée du sieur de la Pivardiere, un entretien si peu agreable, le fit finir presqu'aussi-tôt. Le sieur de Preville, l'un des conviez, pria le sieur de la Pivardiere de diner chez lui deux jours aprés, il le promit, & la compagnie se retira pour lui laisser la liberté de se reposer; étant resté seul avec sa femme, ils se parlerent pendant quelque temps en termes tres-piquans, le mari fatigué remit au lendemain un plus ample éclaircissement; il entra dans sa chambre, & s'étant couché, la lassitude d'un long voiage, le plongea bien-tôt dans un profond sommeil.

C'est ici où disparoît le sieur de la Pivardiere, & nous n'en parlerons dans la suite que pour apprendre sa fin tragique. Son arrivée étant con-

4

nuë de tous fes voifins, comme il ne parût point le lendemain ; ils
furent furpris d'une fi prompte abfence : la curiofité naturelle
à l'homme, fait interroger les fervantes de la Dame de la Pivardiere,
fur l'arrivée & fur le départ de leur maître, elles ne voûloient rien répondre ; mais les efprits foibles & fimples ne fçavent pas l'art de tra-
hir long-temps la verité : en fe deffendant de rien dire elles donnent
du foupçon aux moins clairs-voïans ; enfin elles découvrent aux voifins quelques faits dont elles ne connoiffoient pas l'importance, qui
font préfumer que le fieur de la Pivardiere a été affaffiné ; ils exa-
minent encore de plus prés les circonftances qui pouvoient les éclaircir ; ils voïent la porte du Château rompuë, quatre perfonnes difent
avoir entendu tirer un coup de fufil la nuit du 15. au 16. d'Aouft ; on
voit à l'écurie le cheval du fieur de la Pivardiere, fon manteau, &
fes bottes, qui prouvent qu'il n'a pû aller loin ; la femme du nommé
François Hybert, raporte que fon mari lui a dit que le fieur de la
Pivardiere étoit mort ; fur ces preuves, les voifins ne balancent plus
de publier l'affaffinat, les fervantes ne pouvant fe deffendre plus long-
temps, le declarent à quelques perfonnes qui le rendirent bien-tôt
public : un inftinct fecret fait naître contre cet action une fi grande
horreur que tout le monde en demande vengeance, & blâme hautement les Juges de ne pas agir dans une occafion fi importante.

Le bruit de l'affaffinat augmentant tous les jours, le fieur Morin
Subftitut de M. le Procureur General au Siege de Chaftillon, voyant
que les Juges fubalternes negligoient d'informer d'un crime qui faifoit tant de bruit dans la Province, fe crût indifpenfablement obligé
d'en pourfuivre la vengeance ; il le devoit ; il le pouvoit : l'Ordonnance de 1670. titre 3. art. 8. l'autorife pour la pourfuite des crimes,
même dans le cas où il ne fe trouve pas de dénonciateur : il le devoit
fuivant la Regle d'Innocent III. au chapitre 24. de accufat. *denunciante
famâ, vel deferente clamore officii fui debitum exequatur :* ce crime faifant un fi grand fcandale dans la Province, il ne pouvoit s'empêcher
de donner fa plainte : il la porta au fieur Bonnet, Lieutenant Particulier de Chaftillon le 5. Septembre, trois femaines après l'affaffinat commis ; il demanda permiffion d'obtenir & de faire publier Monitoire,
& qu'il fût informé en attendant l'effet du Monitoire : ils fe tranfportent
le lendemain 6. Septembre au Bourg de Jeu, qui eft du reffort de
Chaftillon : c'eft dans cette Parroiffe qu'ils avoient appris que l'affaffinat
avoit été commis, ils entendent quinze témoins qui depofent ce qu'ils
fçavoient de l'affaffinat, ils en rapportent des circonftances tres préci-
fes, qu'ils difent la plûpart avoir apprifes des fervantes du fieur de la
Pivardiere ; le fieur Bonnet en confequence décerne prife de corps contre la Dame de la Pivardiere, fes enfans & domeftiques, qui fe trou-
voient chargez par les dépofitions ; il fait arrêter en vertu de ce decret
Catherine le Moine l'une des fervantes, & la fait conduire dans les
prifons de Chaftillon ; l'autre fervante avoit pris la fuite ; on ne decreta point pour lors contre le Prieur de Miferay, parce qu'il ne fe

trouva pas chargé par les premieres informations.

La Dame de la Pivardiere avertie que les Juges de Chaftillon vouloient informer, engagea Jacquette Doifelle fa voifine, de retirer chez
elle ce qu'elle avoit de plus précieux; elle mit les meubles de fa maifon chez les païfans du voifinage, & fe retira en fecret chez la Dame
d'Auneüil fon amie; où elle fe cacha pour attendre l'évenement de
cette procedure: fa petite fille âgée de 9. ans fut conduite chez la Dame de Previllé, où quand elle fe vit libre, elle raconta à plufieurs perfonnes, qui ont dépofé dans l'information, que la nuit du 15. au 16.
d'Aouft que fon pere arriva, on la mit coucher contre l'ordinaire dans
une chambre haute, qu'elle fut éveillée la nuit par un grand bruit &
par un voix lamentable qui difoit, *ah mon Dieu ayez pitié de moy*,
qu'aïant voulu fortir au bruit, elle trouva la porte fermée à la clef,
qu'elle avoit vû le lendemain fur le plancher de la chambre où fon
pere avoit couché plufieurs marques de fang, & qu'elle avoit vû fa
mere quleques jours aprés laver au ruiffeau du linge trempé de fang;
ce témoin innocent & fincére peut faire beaucoup d'impreffion dans la
circonftance où il parle.

L'information commencée fut continuée les 14. & 29. du même mois,
on entendit encore un grand nombre de témoins qui confirmoient de
plus en plus l'affaffinat; le Prieur de Miferay & fes valets fe trouvans
compris dans ces nouvelles dépofitions, le fieur Bonnet les decreta de
prife de corps: les Juges de Chaftillon font enfuite recherche de Marguerite le Mercier, qu'on leur difoit avoir été prefente à l'affaffinat,
elle fut arrêtée à Romorentin au commencement d'Octobre: dans fes
premiers interrogatoires, elle éclaircit ce qui pouvoit refter d'obfcuri-
té dans les dépofitions, & déclara les circonftances de l'affaffinat que
l'on rapportera exactement fans vouloir prévenir perfonne par des dif-
cours étudiez.

Cette fervante & fillole de la Dame de la Pivardiere dit, que fa
» maîtreffe voyant fon mary endormi, éloigna tous ceux qui pouvoient
» lui donner de l'ombrage, qu'elle envoya fon fils aîné du premier
» lit, coucher chez le fieur de Preville, qu'une fille qui gardoit les
» beftiaux fut envoyée coucher dans un endroit éloigné du corps de
» logis, qu'il n'y eut pas jufqu'à un enfant de neuf ans qui ne lui fût
» fufpecte, qu'elle la mena elle-même dans une chambre haute, où elle
» n'avoit jamais couché, & que la voyant endormie, elle l'enferma à
» la clef & defcendit en bas avec elle & l'autre fervante; qu'enfin onze
» heures de nuit (qui étoit le temps fatal deftiné pour ce cruel affaffi-
» nat) étant paffées, la Dame de la Pivardiere s'étant apperceuë que le
» Prieur de Miferay étoit dans la cour avec fes deux valets, dont l'un
» qui étoit le Cuifinier, étoit armé d'un fufil, & l'autre d'un fabre;
» comme apparemment elle n'avoit pas affez de confiance à Catherine
» le Moine, elle envoya cette fille chercher des œufs dans la Metairie
» voifine: que la Dame de la Pivardiere joignit le Prieur & fes valets;
» que fuivant l'ordre de fa Maîtreffe, elle alluma une chandelle dans la

» cuisine & les conduisit sans bruit, qu'on ouvrit la porte, que le cuisi-
» nier tira le rideau du lit, & qu'ayant remarqué que le sieur de la
» Pivardiere étoit couché d'une maniere qu'il étoit difficile de tirer sur
» lui, il monta sur un placet pour se donner de l'avantage & lui tira
» un coup de fusil dans la tête : que le malheureux sieur de la Pivardie-
» re n'étant que blessé du coup, se jetta au milieu de la place le visage
» couvert de sang, qu'il demanda à plusieurs reprises la vie à ses assas-
» sins & à sa femme en particulier, sans les pouvoir fléchir, que le
» valet le perça de plusieurs coups de sabre ; qu'étant effrayée des cris
» épouvantables de son Maître, le voyant baigné dans son sang, elle
» ne pût s'empêcher de pousser des soupirs ; mais qu'elle fût menacée
» du même sort si elle se plaignoit plus long-temps. Voilà le recit que
fit Marguerite Mercier de la mort de son Maître ; elle a encore ajou-
té des circonstances de ce qui se passa à l'assassinat, qui conviennent
avec les autres dépositions, & qui confirment les indices.

Lors qu'on pense à ôter les preuves qui pouvoient convaincre de
l'assassinat, il entra inopinément deux personnes dans la chambre, la
premiere, fut Catherine le Moine, qui étant de retour de la Metairie, vint voir pourquoi on avoit tiré le coup de fusil qu'elle avoit entendu. Le nommé François Hybert arrive ensuite, qui ayant entendu
ce même coup, suivi des cris du sieur de la Pivardiere qu'il croïoit
attaqué par des voleurs, vint pour lui porter secours, ayant enfoncé
la porte qu'il avoit trouvée fermée, si-tôt qu'il parut, la Dame de la
Pivardiere lui sauta à la gorge, & il auroit couru risque d'être mal-
traité, s'il n'avoit juré un secret inviolable: Marguerite Mercier a dit
que peu de temps après les valets du Prieur emporterent le corps
sans qu'elle ait pû sçavoir ce qu'ils en firent: que pendant leur ab-
sence la Dame de la Pivardiere apporta de la cendre elle-même &
lui fit frotter le plancher pour ôter les marques de sang; qu'elle fit
porter à la cave le lit & les draps trempez de sang; qu'on ôta de la
paillasse la paille qui en étoit teinte, & qu'on la remplit d'une paille
demi battue; que les valets du Prieur retournerent à Nerbonne deux
heures après en être sortis, & que la Dame de la Pivardiere les rega-
la & but & mangea avec eux, & qu'après ce repas ils se retirerent :
toutes les parties de cette declaration se rapportent aux indices que les
Juges de Chastillon ont trouvez long-temps après lors qu'ils se sont
transportez au Château de Nerbonne, & ils en ont dressé procès
verbal.

La Mercier dans ses premiers interrogatoires déclare ce qui vient
d'être rapporté ; mais elle ne voulut rien dire qui pût charger le Prieur
de Miseray, elle nia qu'il eût été present à l'assassinat : mais voici une
circonstance qui l'obligea peu de temps après à parler sans dissimula-
tion. Cette même Marguerite Mercier, tombe dans une maladie qui la
mit dans un danger évident, la crainte de la mort fit qu'elle s'y pé-
para par les derniers secours que l'Eglise présente aux Chrétiens; elle ap-
pelle un Confesseur, & pressée par les remords de sa conscience, elle

demanda ses Juges, elle leur declara qu'elle avoit déguisé la verité à l'égard du Prieur de Miseray, qu'il avoit été présent à l'assassinat, & qu'il avoit lui-même arraché la vie à son Maître par un dernier coup: cette declaration fut la disposition qu'elle apporta pour recevoir le saint Viatique. Que pourra-t-on répondre à cette declaration, que la seule crainte des jugemens de Dieu a fait faire? Dira-t-on que cette fille subornée persiste jusqu'à la mort à soûtenir l'imposture; peut-il entrer dans l'esprit que cette fille simple & timide soûtienne à la vûë de la mort le personnage d'imposteur, & que par une impieté sacrilege, lors qu'elle fait les actes les plus Saints du Christianisme, elle commette le plus horrible de tous les mensonges. Lors qu'on envisage la mort les motifs d'interêt & de complaisance cessent, *fugit persona, manet res*, ce n'est que la verité qui parle & qui s'exprime toute seule, & c'est ce qui rend les declarations des personnes mourantes d'un si grand poids. C'est ici le point fixe où l'on peut distinguer la verité des déguisemens qui ont précedé & des subornations qui ont suivi. Cette declaration fût suivie de celle de l'autre servante, qui voyant que la Mercier avoit découvert ce qu'on leur avoit recommandé de cacher, fit un aveu sincere de tout ce qu'elle sçavoit de l'assassinat, & les deux declarations des servantes se rapportent parfaitement.

Une fausse accusation s'évanoüit dans une instruction reguliere, la verité se découvre par une recherche exacte: à mesure que les Juges de Chastillon avancent dans la procedure, le fait s'éclaircit de plus en plus, rien de plus fort pour persuader un Juge, & l'obliger à suivre exactement tout ce qui peut instruire sa Religion; & rien ne justifie mieux la necessité de la plainte, l'utilité de l'information, & la justice du decret. Le sieur Bonnet sur la plainte du sieur Morin, avoir permis de publier Monitoire & d'informer, & par l'information & par le Monitoire il trouve des preuves tres-fortes, il décerne prise de corps contre les accusez: pouvoit-il s'en dispenser voyant la force des preuves & la qualité du crime? ayant appris que le crime avoit été commis au Château de Nerbonne, il s'y transporte, il dresse un procés verbal des indices qu'il y trouve? cela n'est-il pas dans les regles? est-ce là un Juge passionné, ou bien un Juge qui fait son devoir.

Quels témoins ont été entendus dans l'information? plus de trente personnes qui ne sçauroient être suspectes aux accusez; ce sont les voisins, les amis, les servantes, les enfans de la Dame de la Pivardiere, toutes personnes liées avec elle d'interêt ou d'amitié: ces témoins ont-ils été choisis ou subornez par les Juges? ne sont-ce pas les témoins les plus naturels? quelqu'un se persuadera-t-il que des Juges sans interêt soient assez imprudens ou assez méchans pour corrompre des témoins, & leur faire déposer un fait qu'il étoit facile de détruire en representant le sieur de la Pivardiere s'il étoit vivant; n'y a-t-il pas de la témérité aux accusez d'avancer une pareille accusation contre leurs Juges; mais la qualité des témoins n'est-elle pas suffisante pour prouver qu'ils n'ont pû être subornez? Dira-t-on que les servantes & principalement celle dont la Dame de la Pivardiere est maraine, ait pû être seduite pour déposer contre elle une faussté si horrible? Ses voisins, ses amis ont ils pû vouloir sa perte; mais plus que tout cela, a-t-on suborné sa petite fille qui en a assez déclaré pour donner lieu au Decret: si les accusez veulent encore soûtenir la subornation, le nombre & la qualité des témoins détruit leur imposture & doit persuader tout le monde que la procedure des Juges de Chastillon ne pouvoit être ni plus desinteresfée ni moins suspecte.

Pendant que les Juges de Chastillon faisoient ces pourfuites, la Dame de la Pivardiere qui s'étoit cachée chez une de ses amies, ne s'y trouvant pas en seureté se retire à Paris. Le Prieur de Miseray de son côté, ayant sçû que les Juges de Chastillon informoient, cherche non pas à se justifier, mais à se préparer des moyens pour recuser ses Juges, & les embarraffer dans une longue & penible procedure: pour empêcher le sieur Bonnet d'en connoître, il prend une cession de la Dame sa mere, de la somme de six-vingt livres contenuës dans un ancien executoire, & en vertu de cette piece il a fait saisir réellement la Charge du sieur Bonnet, Lieutenant Particulier.

En même temps, la Dame de la Pivardiere retirée à Paris, donne sa Requête à la Chambre des Vacations; elle expose que quelques particuliers publioient qu'elle avoit assassiné son mary, qui cependant étoit vivant, qu'il plût à la Cour la renvoyer devant le Lieutenant General de Romorentin pour être informé de ce fait: sur cette Requête qui contenoit un faux exposé; car elle ne dit pas que les Juges de Chastillon avoient decreté contre elle pour raison de cet assassinat; elle obtint Arrêt le 18. Septembre, qui la renvoye devant le Lieutenant General de Romorentin, pour y être pourvû.

La Dame de la Pivardiere fit cette premiere démarche, pour traverser la procedure de Chastillon: le Lieutenant General de Romorentin lui étoit dévoüé, il étoit déja entré dans leur intrigue; c'est pourquoi elle le fit autoriser par cet Arrêt, pour faire le Procés verbal de reconnoiffance du prétendu la Pivardiere: s'étant ainsi assûrée de ce côté-là, elle voulut arrêter la pourfuite des Juges de Chastillon; elle donna pour cet effet, une nouvelle Requête à la Chambre des Vacations le 24. Septembre: elle demanda d'être receuë Appellante comme de Juge incompetant de la plainte, permission d'informer, information, decret de prise de corps, & de toute la procedure extraordinaire contre elle, ses enfans & domestiques, faite par le Lieutenant Particulier de Chastillon, à la Requête du Substitut de Monsieur le Procureur General, & qu'il lui fut permis d'intimer & prendre à partie qui bon lui sembleroit, & le même jour elle obtint Arrêt aux fins de sa Requête au rapport de Monsieur Quelain, Conseiller en la Cour. Elle fait signifier cet Arrêt aux Juges de Chastillon, le 30. Septembre 1697. par cet appel & par la prise à partie, elle tâche d'arrêter la procedure criminelle, & d'empêcher un jugement par coutumace contre elle, le Prieur & leurs complices dont ils apprehendoient les condamnations; les Juges

ce

de Châtillon déferant à l'Arrest de la Cour, ont feulement continué l'inftruction, & ils attendent pour achever le Procés criminel le jugement de la Cour fur la prife à partie.

Aprés que les accufez eurent pris cette précaution, ils font dire dans le public que le fieur de la Pivardiere étoit vivant, ils inftruifent pendant long temps celui qu'on vouloit faire paffer pour le veritable, & d'un autre côté on difpofe par le credit des accufez des gens pour le faire reconnoître: on le produit enfin à Romorentin au mois de Janvier couvert des habits du fieur de la Pivardiere, qui lui étoient trop larges, c'eft pourquoi l'on remarqua qu'on lui avoit mis trois jufte au corps l'un fur l'autre. Le Lieutenant General de Romorentin le promene non feulement dans fa Ville, mais encore dans plufieurs Villages, il le prône par tout, & fait entendre à tout le monde que c'eft le fieur de la Pivardiere; il dreffoit fon procés verbal à mefure qu'il trouvoit des témoins gagnez, complaifans, ou qui ne connoiffans pas le fieur de la Pivardiere vouloient l'en croire fur fa parole: on n'a pas dreffé procés verbal de tous ceux qui connoiffoient l'impofture, & qui n'ont pas voulu l'appuyer de leur témoignage: beaucoup même de ceux qu'on fuppofe avoir reconnu le fieur de la Pivardiere, n'ont donné autre preuve de fa reconnoiffance que d'avoir laiffé écrire ce qu'on a voulu fous leur nom: Aprés un fi heureux commencement on voulut mettre la derniere main à ce bel ouvrage, il leur parut de la derniere confequence de le faire reconnoître aux fervantes, c'étoit un coup décifif; mais comme cela n'étoit pas feur, le Lieutenant General de Romorentin voulut avoir main forte, afin d'être toûjours le plus fort en cas que les Juges de Châtillon vouluffent empêcher l'execution de cette violence: le fieur de Lambre Prevôt des Marêchaux à Châtillon, parent du Prieur de Miferay, fe joignit à eux accompagné de fes Archers, ils arriverent à Châtillon le 19. Janvier dernier, avec cette efcorte, & malgré les proteftations des Juges de Châtillon ils entrerent dans la Prifon, le Lieutenant General de Romorentin follicite ces deux fervantes à reconnoître celui qu'il leur prefentoit pour le fieur de la Pivardiere leur maître, & ce prétendu la Pivardiere prenant le ton de Maître les menaça; mais ny les follicitations du Lieutenant General, ny les menaces du faux la Pivardiere ne purent les contraindre à cette reconnoiffance, elles foûtinrent à cet homme en face que c'étoit un impofteur, & qu'il n'avoit jamais été le fieur de la Pivardiere en marquant même les differences.

Les Juges de Châtillon fpectateurs de ces intrigues ne fe trouvant pas en état de refifter à la violence qu'on leur faifoit, firent dteffer procés verbal de ce qui fe paffoit: & le fieur Morin Subftitut de Monfieur le Procureur General, voyant que ces deux Servantes foûtenoient opin'âtrement que cet homme n'étoit pas le fieur de la Pivardiere, & qu'elles en faifoient connoître les differences, il requit que ce pretendu la Pivardiere demeurât en Prifon pour éclaircir plus amplement certe reconnoiffance: mais cet homme craignant apparemment que cette fcene n'eût une fin tragique, ne trouva pas à propos d'y demeurer, en forte qu'à la faveur du

B

Lieutenant Général de Romorentin avec le fecours du Prevôt des Maréchaux & des Archers, il fortit de Châtillon ; il auroit été difficile de
profiter de l'avis qu'on a donné à l'Audiance de l'enf.rmer fous la clef
à moins que d'enfermer avec lui la Marêchauffée. C'eſt ainſi que finit
cette expédition, qui ne fut pas ſi heureuſe à la fin qu'elle l'avoit é.é
dans ſon commencement.

Les Juges de Châtillon aprés cette violence ne ſe trouvant pas en ſûreté, eurent recours à Monſieur le Procureur General, ils envoyent les
Informations & les Procés verbaux des 17. & 20. Janvier, pour lui rén-
dre compte de ce qui s'étoit paſſé : Monſieur le Procureur General ayant
reconnu de la part du Juge de Romorentin une violence contre toutes
les Loix, & de la part des Intimez une procédure reguliere, comme ce
ſage Magiſtrat ne laiſſe échapper aucune occaſion de travailler avec
zèle pour la ſûreté publique, & de protéger les Juges qui font leur devoir ; il prit le fait & cauſe des Juges de Châtillon, donna ſa Requête
à la Cour, & obtint Arreſt le 27. Janvier dernier, par lequel la Cour
fait deffenſe aux Juges de Romorentin de paſſer outre ny faire aucunes procédures : & aux parties de faire pourſuite ailleurs qu'en la Cour,
ſans préjudice de la continuation de l'inſtruction & jugement du procés pendant au Bailliage de Châtillon, pour raiſon de l'aſſaſſinat du
ſieur de la Pivardiere, & en outre ordonne que le Lieutenant General
de Romorentin, & le Prevôt des Marêchaux de Châtillon ſeront ajour-
nez à comparoir en perſonne en la Cour pour y être ouïs & interrogez
ſur les faits réſultans des Procés verbaux faits par les Juges de Châtillon, les 19. & 20. Janvier dernier.

La Cour ne pouvoit faire en faveur des Juges de Châtillon un préjugé
plus authentique, ce qu'ils ont fait avant l'Arreſt ſe trouve confirmé, &
ce qu'ils ont fait enſuite n'eſt qu'en vertu de l'Arreſt : comment donc
les accuſez oſent-ils attaquer la procédure ?

La Cour a regardé l'information faite par le Lieutenant General de
Romorentin comme étrangère au Procés criminel comme prématurée,
& comme nulle dans la forme faite en vertu d'un Arreſt ſurpris ſur un
faux énoncé : en effet il ne s'agit pas d'examiner les Procés verbaux de
reconnoiſſance faits par le Lieutenant General de Romorentin, ny de
ſçavoir ſi c'eſt le veritable, ou le faux la Pivardiere, il s'agit d'inſtrui-
re le Procés des accuſez & de ſçavoir s'ils font coupables, ou ſi ceux
qui les accuſent font des faux témoins : les accuſez ne peuvent être re-
çeus à leurs faits juſtificatifs, qu'après l'inſtruction entiere du procés,
en ce cas ils pourront repreſenter le ſieur de la Pivardiere, & ce ſera
une preuve de leur innocence ; mais qu'après un decret de priſe de corps,
il ſoit permis aux accuſez de ſe cacher, & de faire faire des Informations ſuſpectes par d'autres Juges que ceux qui inſtruiſent le procés criminel : que ces Informations puiſſent leur ſervir d'exception contre la
pourſuite criminelle qu'on fait contre eux, c'eſt ce qui eſt abſolument
contre les regles ; on ne peut donc regarder cette procédure que comme un des artifices dont les accuſez ſe font ſervis pour traverſer la pro-

cedure reguliere des Juges de Châtillon ; nous examinerons dans la feconde Partie fi l'on en peut tirer des preuves folides pour juftifier l'e-xiftence du fieur de la Pivardiere.

Tandis que les accufez fe fervent du credit & de l'adreffe de leurs amis dans la Province pour appuyer les preuves de l'exiftence du fieur de la Pivardiere, & qu'ils font tous leurs efforts en cette Ville pour embaraffer la procedure: Monfieur le Procureur General toûjours at-tentif à la punition d'un fi grand crime, fit arrêter au mois de Fe-vrier le Prieur de Miferay, & le fit transferer dans les prifons de Châ-tillon, pour achever l'inftruction de fon procés. Ce coup étoit fou-droyant, il falloit à quelque prix que ce fut faire taire les fervantes, ou bien rendre par leur variation leur dépofition fufpecte, c'eft ce qu'ils ont tâché de faire en fe fervant de la foibleff & de la timidité de ces malheureufes pour anéantir s'il étoit poffible la force de leurs dépofi-tions ; mais on efpere que le fimple recit de ce fait rompra toutes ces mefures, & les marques de fubornation font fi violentes, qu'il fera facile de détromper le public des fauffes idées qu'on auroit pû conce-voir de cette variation.

Il faut icy fe reffouvenir de la dépofition des fervantes dans l'infor-mation que les Intimez ont faite de l'affaffinat, & faire attention à cet aveu fincere que la crainte d'une mort qui parroiffoit inévitable, tira de la bouche de la Mercier : c'eft cette dépofition fi folemnelle, hors de tout foupçon, que l'on tâche de rendre inutile, parce que ces filles ont varié dans la confrontation : elles ont varié, il eft vrai, mais quel-le eft la nature de cette variation ? nient-elles abfolument l'affaffinat, la Mercier perfifte à l'affurer, fa variation ne confifte qu'à nier que le Prieur y fut prefent : c'eft pourtant cette même Mercier qui à la veüe de la mort avoit dit cette circonftance, ainfi le fond de fa dépofition demeure toûjours le même, le fieur de la Pivardiere eft mort : ne voit-on pas que les promeffes, les menaces, les follicitations lui font taire un point fi important: l'autre fervante nie avoir veu le fieur de la Pivar-diere mort: elles s'étoient accordées dans la dépofition, elles fe contre-difent dans la variation, mais toûjours en faveur du Prieur de Mife-ray, elles n'ont point varié pendant fix mois, leur variation n'a duré qu'un jour : la verité eft conftante, la fubornation s'évanoüit prompte-ment: mais qu'y a-t-il de furprenant dans cette variation ne devoit-on pas s'y attendre: ces malheureufes fervantes font dans une Prifon qui dépend abfolument du Lieutenant General de Châtillon, frere du Prieur de Miferay, elles font entre les mains d'un Geolier, qui a été autrefois domeftique de ce Lieutenant, la Prifon où elles font enfer-mées, ne confifte qu'en deux Chambres, le Prieur eft dans l'une, les fervantes dans l'autre, avec le Geolier homme du Lieutenant Ge-neral de Châtillon : dans la même Chambre eft encore Prifonnier, le Pere de la Mercier homme à la devotion du Prieur de Miferay. En faut il davantage ? deux filles foibles, timides, craintives, peuvent-elles refifter quand on les attaque par tant d'endroits ; quand on joint

l'autorité à la nature, & qu'on mêle les perſuaſions d'un pere aux menaces d'un Geollier gagné. Il y auroit lieu d'eſtre ſurpris ſi les choſes
n'eſtoient pas allées de la ſorte, il eſtoit impoſſible que ces deux ſervantes demeuraſſent fermes au milieu de tant de gens qui les obſe-
doient : & comment ſoûtenir la preſence du Prieur de Miſeray, qui
avoit acquis droit de leur commander dans la Maiſon de leur Maî-
treſſe ?

On prétend que ſi elles ont eſté ſubornées, ç'a eſté de la part des
Juges de Châtillon, & qu'elles ſe ſont plaintes que ces Juges exacts
leur en ont fait trop dire ; donc, ajoûte-t-on, les Juges de Châtillon
les ont ſollicitées, les ont gagnées pour dépoſer ce qu'ils ſouhaitoient.
Quoy que ces paroles leur ayent eſté inſpirées par leurs Seducteurs,
elles ne laiſſent pas d'eſtre bien veritable ; les Intimez leur en ont fait
trop dire, il eſt vray ſi l'on conſidere que leur intereſt eſtoit de cacher
ce meurtre, puiſqu'elles en avoient eſté en quelque façon les complices, ſi l'on conſidere les liaiſons qu'elles avoient avec les accuſez : mais
en ont-elles trop dit par rapport à la verité, par rapport à leur conſcien-
ce, qui leur reprocha ſans ceſſe leur retractation, & qu'il ne leur donna aucun repos juſqu'à ce qu'ayant fait appeller l'Official de Bourges,
elles ſe jetterent à ſes pieds pour luy declarer que ſi elles s'eſtoient
dedites, que c'eſt qu'on les avoient intimidées & qu'elles proteſtoient
de la verité de leur premiere declaration : qu'elles la ſoûtiendroient
au Prieur même ſi on vouloit leur accorder la grace de les confronter
encore une fois, on fait venir les Juges & cela fut fait auſſi-tôt : elles
ſoûtinrent au Prieur la verité de ce qui le regardoit.

On dit que les Juges de Chaſtillon les ont obligées d'aſſurer de
nouveau ce qu'elles avoient nié dans la confrontation ; quel eſtoit l'intereſt des Juges de Chaſtillon, pour leur faire affirmer de nouveau leur
premiere declaration, cela ne les regardoit point : qu'elles ayent varié ou non, il eſt toûjours vrai qu'elles avoient dépoſé dés le commencement de l'information, les Intimez ne ſont point reſponſables de ce
ce qui eſt arrivé dans la ſuite : qu'on les ait ſubornées pour ſe retracter
quand elles auroient varié par caprice ou par legereté, ils n'y prennent
aucun intereſt, il n'y a que ces pauvres ſervantes qui ſe trouvent ex-
poſées par leur foibleſſe à devenir les victimes du crime du Prieur de
Miſeray : mais en tout cela il ne paroiſt que de la droiture & de la
ſincerité de la part des Intimez, qui ont entendu ces ſervantes ſans affectation, & qui ont exprimé leurs variations meſmes ſans déguiſement :
voila de quelle maniere les Intimez ſe ſont comportez dans la procedure, & toutes les chicanes qu'ils ont eſté obliger d'eſſuyer de la part
des accuſez. D'où il paroiſt que les Juges de Châtillon ont eu juſte raiſon
d'informer & juſte raiſon de decreter.

SECONDE PARTIE.

On a propoſé de la part des accuſez quatre moyens de priſe à partie contre les Juges de Châtillon. Le premier eſt fondé ſur ce que les Intimez ſont incompetens pour connoiſtre de ce crime, n'étant pas Juges du lieu de Nerbonne où le crime a été commis.

Le ſecond eſt que quand meſme ce crime auroit eſté commis dans leur Reſſort par Arreſt de la Cour du mois de May 1688. toutes les Cauſes des Religieux de Miſeray ont été renvoïées au Preſidial de Tours, & deffenſes ont été faites aux Juges de Châtillon d'en connoître.

Le troiſiéme eſt que les Officiers du Siege de Châtillon, n'ont fait cette procedure que par un eſprit d'intereſt & de vengeance, en haine des procés qui ſont depuis long-temps entre les familles des ſieur Bonnet & Morin, & la famille du Prieur de Miſeray.

Le quatriéme & dernier moyen eſt que le ſieur de la Pivardiere eſt vivant & que partant l'accuſation faite contr'eux eſt manifeſtement calomnieuſe.

Avant que de répondre à ces moyens il faut examiner ſi les accuſez ont qualité ſuffiſante pour prendre leur Juges à partie. Le pretendu la Pivardiere n'a pas droit de prendre à partie les Juges de Châtillon, il eſt abſent, il n'eſt point accuſé, la procedure n'eſt pas faite contre luy : mais dit-on il intervient en la Cauſe pour deffendre ſa femme ; il eſt vray qu'un mary à droit de prendre la deffenſe de ſa femme ; mais il faut que ce mary ſoit conſtant, il faut qu'il ſe preſente, car tandis qu'il ne paroiſt pas, tandis que ſa qualité luy eſt conteſtée il ne peut intervenir : les valets du Prieur ſon en fuite, ainſi à leur égard ils ſont non-recevables à pourſuivre la priſe à partie.

Le Prieur de Miſeray eſt auſſi non-recevable, quoy qu'il ſoit en eſtat. Il n'eſt pas permis a un accuſé de prendre ſes Juges à partie de ſa propre authorité, il faut ſuivant les Reglemens de la Cour de l'année 1693. que l'accuſé donne ſa Requeſte, & que la Cour en connoiſſance de cauſe luy permette de pourſuivre la priſe à partie ; le Prieur de Miſeray ſans avoir donné ſa Requeſte, ſans avoir obtenu Arreſt de la Cour, s'eſt contenté de prendre un relief d'appel ſur lequel il a intimé ſes Juges, cette procedure eſt irreguliere, & ce deffaut eſt une fin de non-recevoir contre luy.

La Dame de la Pivardiere a donné ſa Requeſte à la Cour ſur laquelle elle a obtenu Arreſt qui luy permet d'intimer & prendre à partie qui bon luy ſemblera ; depuis le commencement de la cauſe elle s'eſt miſe en état, ainſi à ſon égard ſa procedure paroiſt plus reguliere. Sans ſe ſervir de la fin de non-recevoir contre aucun des accuſez on entrera dans l'examen de tous les moyens qu'il ont propoſez, ce n'eſt point par un deffaut de procedure que les Juges de Châtillon veulent éluder la Juſtice, ils ne cherchent leur juſtification que dans l'éclairciſſement de la verité.

A l'égard du premier moyen fondé ſur l'incompetence des Juges de Châtillon ils ſoûtiennent qu'ils ont pû & dû connoiſtre de ce crime. Ils ont appris que ce crime s'eſtoit commis dans la Parroiſſe de Jeu qui est de leur Ressort, ils s'y transportent, ils informent, ils avoient droit de le faire.

L'Ordonnance de 1676. veut que les Juges Superieurs, puissent informer des crimes commis dans le Ressort des Justices Subalternes, en cas que ces Juges ayent negligé d'informer dans les 24. heures après le Crime commis ; les Intimez voyant qu'aucun Juge n'avoit informé pendant trois semaines d'un crime qui faisoit tant de bruit, pouvoient-ils se dispenser d'informer dans une affaire aussi grave, ils apprennent de tous côtez que les accusez & complices estoient perpetuellement dans leur Ressort, n'ont-ils pas dû les poursuivre, quand même le crime n'y auroit pas esté commis ? quoy il ne sera pas permis à une Juge de poursuivre des malfaiteurs qu'il sçait estre dans sa Jurisdiction sous pretexte qu'ils ont commis le crime hors de leur Ressort, n'est-il pas au contraire de leur devoir de les arrester, & de leur faire leur procez : c'est une maxime certaine que tout Juge Royal est competent pour la poursuite du crime lorsqu'il trouve le Criminel : il est vray que si-tost que l'Accusé demande son renvoy ou que le Juge cesse, & il est obligé de renvoyer l'Accusé avec son procez par devant le Juge qui doit en connoistre, mais toute la procedure faite jusqu'alors est reguliere & elle sert à l'instruction du procez : c'est la disposition précise de l'article 4. au titre de la competence des Juges ; les Intimés sçavent que ceux qui peuvent deposer, que ceux qui ont connoissance du crime, que ceux qu'on soupçonne sont dans la Parroisse de Jeu ; n'ont-ils pas droit & mesme ne se trouvent-ils pas obligez d'informer de ce crime ?

On ne peut contester que la Parroisse de Jeu ne soit du Ressort de Châtillon. Les preuves sont produites au procés. La difficulté est de sçavoir, si la maison de Nerbone qui est de la Parroisse de Jeu dépend de la justice de Jeu.

On demeure d'accord qu'il arrive quelquefois que dans une même Parroisse il peut y avoir des Terres dependantes de plusieurs Seigneuries ; mais le Seigneur & son Juge sont toûjours presumez avoir dans leur jurisdiction toute la Parroisse, à moins qu'on ne justifie du contraire : les Juges de Châtillon ne sont pas obligez de demesler les teneurs & les dependances des differens Seigneurs, ils sçavent en general que la Parroisse de Jeu est de leur Ressort, & dela ils concluent avec justice que tout ce qui est compris dans cette Parroisse releve d'eux ; si la Dame de Lussé prétend que le Fief de Nerbonne releve d'elle, elle n'a qu'à produire ses titres, mais jusques là les intimez soûtiennent qu'ils sont bien fondez à juger des causes des Seigneurs de Nerbone.

En effet il n'y pas de reponse à une preuve qu'on a communiquée pour faire voir que les Juges de Châtillon sont en possession de juger des causes des Seigneurs de Nerbone. Ce sont deux Actes Authentiques faits par les Sieur & Dame de la Pivardiere : le sieur de la Pivardiere en 1693. voulant toucher une somme de la Veuve Gauthier, qu'elle luy devoit pour des arrerages de rentes seigneuriales, ausquelles elle avoit été condamnée par le Chaftelain de Nerbone ; il donne fa Requefte aux Juges de Châtillon & demande qu'en execution de la fentence renduë par fon Juge Chaftelain, la Veuve Gauthier qui eftoit domiciliée dans la Maifon & Seigneurie de Moulins, qui eft du Reffort de Blois, foit condamnée à la luy payer par forme de provifion à caufe du fervice : D'où vient que le fieur de la Pivardiere ne s'adreffe pas aux Juges de Luffé, où l'on prétend que reffortit la juftice de Nerbone ? font-ce les Juges de Châtillon qui ont fait cette entreprife fur la jurifdiction de Luffé ; le Juge de Luffé a-t-il revendiqué cette caufe, il ne paroift rien de cela?

La reconnoiffance qu'a faite la Dame de la Pivardiere n'eft pas moins authentique, elle eft du temps de fon premier mariage, elle vendit authorifée par fon Mari, deux arpens de terre, au nommé Brunet, & fe trouvant enfuite lézée par ce contract, elle prit des lettres de recifion, qu'elle fit adreffer au Lieutenant General de Châtillon : quoy que Brunet fut domicilié dans la Parroiffe de Gee qui eft du Reffort de Blois : la caufe y a efté pourfuivie & jugée, elle a donc reconnu la jurifdiction de Châtillon.

Mais fuppofons pour un moment que Nerbone re'eve de Luffé, quelle excufe peuvent apporter ces Juges d'eftre demeurez prés de deux mois dans le filence fans informer d'un crime qui faifoit un fi grand fcandale dans la Province, leur negligence ou plûtôt leur intelligence avec les accufez ne merite t'elle pas qu'on les prive de leur droit dont ils ont negligé de fe fervir dans une occafion fi importante. La Cour ne renvoira jamais devant de tels Juges, quand ils feroient competens, l'inftruction de ce Procés : mais elle confirmera fon Arreft qui l'a renvoyée par devant les Juges de Châtillon qui l'ont commencée avec zele, continuée par ordre de la Cour, & qui la finiront avec la juftice que leur honneur & le bien public demande d'eux ; ils font competens puifqu'ils ont inftruit dans leur Reffort, & quand il y auroit conteftation ils ont encore cette maxime pour eux, que lorfque les lieux font conteftez, le premier faifi juge le procés ; ils font Juges Royaux, le Juge de Luffé eft un Juge de Seigneur : ils ont commencé la procedure & decreté avant les Juges de Luffé, ainfi elle eft juridique ce qu'ils ont depuis eft en vertu de l'Arreft de la Cour, peut-on après cela douter de la competence que la Cour a préjugée.

Le fecond moyen fur lequel les accufez fondent leur prife à partie eft l'Arreft de la Cour du mois de May 1688. par lequel toutes les caufes des Religieux de Miferay ont efté renvoyées au Prefidial de Tours, & défenfes ont été faites aux Juges de Chaftillon d'en connoître : comme ce moyen regarde en particulier le Prieur de Miferay, on n'y répondra que par rapport à luy.

Avant l'année 1688. il y avoit eu plufieurs procez entre la famille du Prieur de Miferay & quelques Officiers du Siege ; & même le Sieur Pournin lors Avocat Subftitut de M. le Procureur General avoit des affaires confiderables avec l'Abbaye de Miferay ; comme ils avoient de part & d'autre beaucoup de parens dans le Siege, aprés plufieurs con teftations toutes les Parties confentirent de paffer un appointement au Parquet par lequel de leur confentement, elles furent renvoyées au Prefidial de Tours pour toutes les caufes, tant celles où les familles avoient intereft, que celle de l'Abbaye de Miferay.

Cet Arreft n'eft pas comme on l'a voulu infinuer, une defenfe que la Cour ait faite aux Juges de Chaftillon de connoître des caufes des Religieux de Miferay, pour des inimitiez qui les auroient excitez à faire des injuftices qui leur auroient attiré cette interdiction : il eft rendu du confentement des Parties pour faire renvoyer leurs caufes à Tours. Ainfi ce fut un accommodent reciproque entre les Parties : il ne faut donc pas conclure de là, que la Cour ait ôté pour toûjours la connoiffance des affaires l'Abbaye de Miferay, mais feulement tant que les raifons qui ont fervi de motif à l'Arreft fubfifteront.

Ces raifons doivent aujourd'huy ceffer : le Sieur Pournin qui étoit Partie contre les Religieux de Miferay & qui donna lieu à l'Arreft eft decedé depuis 1689. & par fa mort les procez entre les Religieux de Miferay & les Officiers de Chaftillon ont fini, & par confequent les motifs de cet Arreft ne fubfiftent plus : d'ailleurs il ne regardoit que les caufes de l'Abbaye, & non les caufes du Prieur en fon nom.

Mais quand cet Arreft feroit encore en faveur du Prieur de Miferay, il ne pourroit avoir lieu dans l'efpece de la caufe, car il ne s'agit pas ici d'un procés contre les Religieux ou le Prieur de Miferay, le procez a commencé contre la Dame de la Pivardiére & contre fes Domeftiques accufez de l'affaffinat de leur Maiftre, les premieres informations : le premier decret, ne regardant point le Prieur de Miferay. Voilà donc un procez commencé fans que ny les Religieux de Mifera y ny le Prieur y foient Parties : il fe trouve dans la fuite des informations des charges contre le Prieur & fes Valets, on decrete contr'eux, cela n'eft-il pas dans les regles ? lorfqu'un Juge fe trouve faifi d'un procez criminel, n'eft-il pas en droit de connoiftre de tout ce qui peut avoir rapport à ce crime, & de decreter contre tous ceux qui fe trouvent complices ? peut on feparer & divifer une même affaire ? ainfi les Juges de Chaftillon n'ont point coutrevenu à l'Arreft de la Cour, en comprenant dans la procedure criminelle, celuy qui par les informations fe trouve le principal autheur de l'affaffinat.

Le troifiéme moyen qu'on a propofé eft le langage ordinaire de tous les criminels qui prennent leurs Juges à partie, on dit que les Officiers de Châtillon ont agi par intereft & par un efprit de vengeance, on a voulu prouver l'intereft par la depredation entiere des biens de la Dame de la Pivardiere dans fa maifon de Nerbone : on a fondé le defir de vengeance des Officiers de Châtillon fur les procés qui font depuis long-temps entre les familles des Intimez, & la Famille du Prieur de Myferay.

A l'égard de la depredation qu'on pretend avoir été faite par les Juges de Châtillon, rien de plus faux que cette allegation : la Dame de la Pivardiere fur le bruit de l'information ayant pris la fage refolution de prendre la fuite, mit fes meubles en fureté chez les Payfans de fon voifinage, c'eft chez ces Payfans qu'on a trouvé les meubles du Château de Nerbone qui confiftent en meubles meublans qui ont été dépofez à Châtillon, & ils ont été reftituez, fi-tôt qu'elle s'eft mife en état.

Quant à la vengeance il faut examiner en particulier fi elle peut avoir quelque fondement de la part du fieur Morin Subftitut de Monfieur le Procureur General, ou de la part du fieur Bonnet Lieutenant particulier.

A l'égard du Subftitut de Monfieur le Procureur General il n'avoit jamais vû le fieur de la Pivardiere, mais il connoiffoit depuis quelque temps la Dame de la Pivardiere, par une circonftance, qui bien loin de luy avoir infpiré contre elle un efprit de vengeance, l'engageoit à la confiderer : il étoit ami du fieur Seguier qui depuis quelque temps avoit époufé la Fille de la Dame de la Pivardiere, ils luy avoient fait tenir leur premier Enfant, & depuis ce temps, ils avoient toûjours continué d'eftre dans une grande liaifon d'amitié qui l'engageoit d'avoir des égards pour la Dame de la Pivardiere ; il étoit dans la difpofition de luy rendre fervice, fi en le faifant il n'avoit falu que facrifier fes interefts particuliers, mais lorfqu'il s'eft agi de remplir fon devoir il n'a plus confulté fon inclination, il a oublié toutes ces confiderations pour courir à la vengeance d'un crime énorme : s'il a donc exercé une vengeance contre la Dame de la Pivardiere, c'eft la vengeance publique, c'eft une vengeance digne de loüanges.

Le Prieur de Miferay fe fert auffi du même moyen de haine & de vengeance que le fieur Morin a exercée contre luy, il pretend qu'elle eft fondée fur des procès qui ont été entre fon Pere, & le Pere du fieur Morin : le fieur Morin qui n'en avoit jamais eu connoiffance auparavant cette affaire s'eft informé quel pouvoit eftre ce procés, il a appris que fon pere avoit autrefois plaidé avec le Pere du Prieur de Miferay pour la charge de Prefident à Châtillon : ce procés eft terminé depuis trente-fix ans : c'eft porter bien loin l'efprit de vengeance, que de conferver la memoire d'un procés éteint avant la naiffance du fieur Morin: peut-on propofer ferieufement des moyens de cette nature pour fonder une prife à partie ; il faut donc demeurer d'accord que le Sieur Morin n'a pû avoir aucun motif de haine, ou de vengeance, contre la Dame de la Pivardiere & contre le Prieur de Miferay.

Voyons fi les motifs qu'on propofe contre le Sieur Bonnet font plus plaufibles : à l'égard des Sieur & Dame de la Pivardiere, il protefte qu'il ne les a jamais connus, qu'il n'a jamais eû d'intereft à démêler avec eux, ainfi à leur égard il faut retrancher ce motif de vengeance. A l'égard du Prieur de Miferay ; le Sieur Bonnet a eu plufieurs Procez avec le Sieur Charoft fon Pere, pour les fonctions de leurs Charges, fur des prétentions reciproques ; ce font des differens affez ordinaires entre les Juges d'un même Siége, enfin le Pere du Prieur de Miferay eft mort de

C

puis seize années, & ce temps est plus que suffisant pour avoir éteint dans le Sieur Bonnet l'esprit de vengeance, il est vray que le Lieutenant General de Chastillon ayant succedé aux Charges de son pere la pluspart des contestations entre eux se sont renouvellées, ils en ont même de nouvelles ; mais dans tout cela quelle relation peut avoir le Prieur de Miseray. Quoy on présumera que le Sieur Bonnet ait juré la perte du Prieur de Miseray, parce qu'il est frere du Lieutenant General, quel motif ? cela fera-t-il cesser le Procez, le Lieutenant General sera-t-il moins entreprenant après la mort de son Frere, quel bien donc peut revenir au Sieur Bonnet d'avoir perdu le Prieur de Miseray : cela ne peut donc fonder cét esprit de vengeance que l'on suppose : où cherherons-nous donc la source de cette vengeance que le Sieur Bonnet veut tirer du Prieur de Miseray ; c'est peut-estre dans ce fâcheux procez que le Prieur de Miseray a intenté contre luy pour luy demander le payement d'une somme de six-vingt livres, dont il s'est fait faire un transport par sa Mere sur le Sieur Bonnet, en vertu duquel il a saisi réellement sa charge de Lieutenant Particulier : mais ce transport mandié est posterieur à l'information faite par les Juges de Chastillon ; cette piece ne peut donc estre le fondement de la vengeance du Sieur Bonnet; mais elle est tres utile pour découvrir quels mauvais moyens on a employez pour recuser & prendre à parties les Juges de Chastillon.

Ajoûtons à cela que lorsque le Sieur Bonnet a commencé son information, qu'au temps même des premiers décrets, il n'a eu aucune connoissance que le Prieur de Miseray fust complice dans cette affaire, il faut donc avoüer que cette information a esté commencée sans aucun motif de vengeance contre le Prieur de Miseray : mais quand nous supposerions la haine fondée sur les Procez de famille, la prise à partie ne seroit pas reguliere, les accusez auroient eu droit au plus de proposer dans une Requeste leur declinatoire pour éviter la Jurisdiction d'un Juge qui leur estoit suspect, il falloit donner Requeste & proposer les moyens de recusation. Si leurs moyens avoient esté jugez pertinens, le Sieur Bonnet se seroit absténu, ou si pour lors nonobstant la recusation il avoit voulu passer outre à l'instruction du Procez ils auroient esté en droit de le prendre à partie. L'Ordonnance ne permet les prises à partie que lorsque les Juges refusent ou sont negligens de juger les Procez pendants devant eux, le Sieur Bonnet ne refuse pas aux accusez la Justice qu'il leur doit, ils n'ont donc pas sujet de le prendre à partie pour le dény de Justice.

On s'est encore plaint du Sieur Bonnet de ce qu'il avoit esté trop lent dans l'instruction de la procedure : qu'il n'avoit esté à Nerbonne que quarante jours après l'assassinat, & que s'il avoit remarqué du sang sur le plancher, il pouvoit bien luy même l'y avoir fait mettre, pour donner quelque couleur à sa procedure. Il est vray que l'instruction de cette affaire a esté trés-longue ; les preuves de l'assassinat se découvroient difficilement ; ce n'estoit que par la force des monitoires, & par la crainte des Censures Ecclesiastiques que les témoins déposoient, & le plus tard qu'ils pouvoient ; redoutans le crédit de la famille des Charrots ; & c'est ce qui a rendu cette procedure longue & penible : le Sieur Bonnet ne se transporta à Nerbonne que long-temps après la premiere information, parce qu'il trouva à Jeu les témoins qui pouvoient déposer ; d'ailleurs il apprit qu'il n'y avoit plus personne dans le Chasteau ; que la Dame de la Pivardiere, ses enfans & domestiques avoient pris la fuite, au seul bruit de l'information ; ainsi il se contenta d'y envoyer des Huissiers pour saisir & annoter ce qui pouvoit y avoir de meubles, & luy faire rapport de l'état des lieux, les Huissiers n'y remarquerent aucuns indices qui dussent déterminer le Sieur Bonnet à s'y transporter : mais dans la suite, ayant appris par les nouvelles dépositions qu'on y remarquoit du sang en quelques endroits, il s'y transporta & en dressa son Procez verbal : ce retardement ne vient donc pas de l'indolence du Sieur Bonnet, mais de la lenteur des témoins à déposer ce fait. Comment les accusez ont-ils osé dire que ce Juge mal-intentionné a fait mettre le sang sur le plancher : puisqu'ils ont connu ce qui est contenu dans les informations ne sçavent-ils que la fille du Sieur de la Pivardiere a vû ce sang le 16. jour d'Aoust le lendemain de l'assassinat, que Nicolas Mercier & quatre autres témoins l'ont remarqué trois jours après : ces dépositions ne font elles pas une conviction entiere de la fausseté de cette accusation ; le Sieur Bonnet a-t-il sçû l'assassinat le lendemain, trois jours après, ne l'accusera t on point encore d'avoir teint de sang le linge que la Dame de la Pivardiere lava elle-même au ruisseau ; ces fausses accusations se trouvent heureusement détruites par les informations, & ne peuvent nuire qu'aux accusez, qui les ont avancées contre leur propre conscience, sans respecter ni la verité, ni la justice, ils se croyent tout permis pour donner du soupçon de la conduite de leurs Juges, pour tâcher d'en obtenir d'autres que les liaisons d'interet & d'amitié rendent plus complaisans, & moins exacts à démêler la verité, au travers de leurs suppositions.

Le quatriéme & dernier moyen de prise à partie, est l'existence du Sieur de la Pivardiere : ce moyen ne peut encore servir de fondement à la prise à partie; car quand il seroit vrai que le Sieur de la Pivardiere seroit vivant (ce qui ne paroît pas) la procedure des Juges de Châtillon ne laisseroit pas d'être juste & reguliere : Ils sont avertis de la mesintelligence qui étoit depuis long-temps entre le Sieur de la Pivardiere & sa Femme ; les Voisins publient l'assassinat qu'ils ont appris des Servantes presentes, n'est-ce pas assez pour donner lieu à la plainte, & à l'information, les Témoins qu'on entend le confirment ; n'y a-t-il pas lieu de decreter, c'est là ce qu'ont fait les Juges de Châtillon, si ce crime est faux, les Accusez produiront le Sieur de la Pivardiere comme un titre justificatif de leur innocence, ils seront absous, mais ils ne peuvent se plaindre de leurs Juges ; qui veulent éclaircir un fait si important, ni les prendre à partie dans cette circonstance : il n'y a de la part des Juges ni fraude, ni dol, ni déni de justice donc point de moyen de prise à partie ; mais les Accusez ne pouroient même se servir de ce moyen qu'en produisant le veritable Sieur de la Pivardiere, ce qu'ils ne font point : dans les procez verbaux qu'ils nous rapporent pour prouver son exiftence il paroît tant d'affectation, tant de contradictions, qu'ils font douter avec raifon, de la verité de ces actes, & perfuadent fortement la fuppofition du prétendu la Pivardiere ; il ne faut pour cela que les examiner en particulier & les comparer enfemble.

On en rapporte fix. Le premier eft paffé par les Notaires d'Iffoudun le 21. Septembre 1697. en prefençe & à la requifition du Sieur de Chavigny ; dans cet Acte Jean Rivet Maiftre de l'Hoftellerie de la cloche attefte fur le portrait que fait le Sieur de Chavigny du Sieur de la Pivardiere, qui a couché chez eux le 19. Août 1697. quatre jours après qu'on dit qu'il a été affafliné dans fa maifon, de laquelle declaration le Sieur de Chavigny a requis acte.

Le fecond Acte eft un Procez verbal du 22. du même mois de Septembre fait à la Requefte du Notaire Roïal de Châtillon au nom de la Dame de la Pivardiere, dans lequel André Auguay Maître Chirugien qui tient l'Hotellerie de l'Ecu dépofe devant le Bailli, qu'il arriva chez lui à fix heures du foir le 13. Août un Monfieur qui demanda à loger de l'âge de 35. à 40. ans, qu'il y coucha & féjourna le lendemain & ne partit de chez lui que le 15. d'Août fur les dix heures du matin, qu'il ne le vit point le lendemain & que le 17. il le retrouva à Chafteauroux à l'Hôtellerie des trois Marchands, qu'ils joüerent enfemble à la boulle, que le Dimanche enfuivant étant fur la porte, il le vit paffer un fufil fur l'épaule, que pendant tout ce temps, il entendit qu'il fe nommoit lui-même le Sieur de la Pivardiere.

Le troifiéme Acte eft un Procez verbal du 7. Octobre fuivant, fait à Auxerre par deux Notaires à la diligence de Jofeph Charoft Prieur de Sainte Catherine de la Lande frere du Prieur de Miferay, fondé de Procuration de la Dame de la Pivardiere, ces deux Notaires fe tranfporterent chez plufieurs particuliers pour recevoir leurs declarations. Claude le Roy, Maître Perruquier dépofe qu'il connoît & a connu Loüis du Bouchet de la Pivardiere, qu'il a époufé Elizabeth Pillard dont il a eu deux Enfans, qu'il leur a loüé une partie de fa maifon, qu'il s'eft abfenté pendant quatre mois, pendant ce temps fa femme s'eft fait feparer d'avec lui, qu'il eft revenu à la fin d'Août, & qu'il l'a toûjours vû travailler en fa qualité d'Huiffier au Bailliage d'Auxerre. Nicolas Torinon Controlleur des Exploits à Auxerre dit que Loüis du Bouchet de la Pivardiere Sergent lui a apporté plufieurs Exploits à controller, & que le dernier du 19. Septembre eft demeuré au Controlle faute de païement, figné du Bouchet feulement, Huiffier Roïal à Auxerre.

Voila celui qu'on veut faire paffer pour le Sieur de la Pivardiere, il eft bien difficile à reconnoître dans ce portrait.

Le quatriéme acte eft du 22. Octobre, on dit qu'il eft paffé par le Sieur de la Pivardiere devant les Notaires de Flavigny près Auxerre, par cet Acte il paroît qu'un particulier s'eft prefenté devant les Notaires de ce lieu, lequel a declaré *eftre Loüis de la Pivardiere, Sieur du Bouchet & Seigneur de Nerbone, qu'il a appris que fes ennemis faifoient courir le bruit que sa femme l'auroit fait tuer la nuit du 15. au 16. d'Aoust sous pretexte qu'il y estoit arrivé le 15. d'Aoust au soir, à cheval, & qu'il en estoit parti la nuit suivante & à pied pour se rendre en diligence où ses affaires l'appelloient :* & à la fin de cet Acte il autorise sa femme pour poursuivre la prise à partie.

On peut joindre à cet Acte une lettre qu'on suppose écrite par le Sieur de la Pivardiere à sa Femme de Mets du 10. Octobre par laquelle il lui mande qu'il est dans le dernier chagrin d'apprendre une mauvaise nouvelle, que s'il avoit pû obtenir son congé de deux mois de son Colonel, il auroit employé ce temps pour aller mettre ordre aux mauvaises affaires qu'on luy veut faire, & s'il croyoit que l'affaire passast outre, il viendroit y mettre ordre, qu'elle n'a qu'à luy mander, & adresser ses lettres à Mets.

La cinquiéme & derniere piece sont les Procez verbaux faits par le Lieutenant general de Romorentin, du mois de Janvier 1698. par lesquels il paroit que plus de deux cens personnes ont reconnu celui qu'on leur presentoit pour le Sieur de la Pivardiere, que ses sœurs Religieuses de Valençay & l'Abbesse l'ont certifié, que la petite fille du Sieur de la Pivardiere l'a reconnu pour son pere ; que les Gentils-hommes & Dames qui soupoient chez lui, lors de son arrivée ont signé dans le Procez verbal de reconnoissance, d'où on pretend tirer un grand argument pour la verité de son existence.

Il faut examiner en particulier ce que ces Actes contiennent en substance. Dans la declaration que le pretendu la Pivardiere fait devant les Notaires de Flavigny prés Auxerre, il rend raison de ce qu'il a fait, il énonce qu'étant arrivé à Nerbonne le 15. d'Août au soir, il étoit parti la nuit suivante à pied pour se rendre en diligence au lieu où ses affaires l'appelloient : voilà le Sieur de la Pivardiere Officier des Dragons, qui arrive le 15 d'Août au soir dans sa maison de Nerbonne, & il a des affaires pressantes qui l'obligent de partir la nuit même pour aller en diligence où ses affaires l'appellent ; mais neanmoins quand le veritable & malheureux Sieur de la Pivardiere arriva le soir chez lui, il ne parut pas si pressé, le Sieur de Preville son voisin, le prie de dîner deux jours aprés, il accepte la partie sans s'excuser sur la necessité d'un voïage, auroit-il alors oublié des affaires si importantes ; d'ailleurs c'est un Officier qui revient d'un voïage de plus de cent lieuës, est il croïable qu'il ne rentre dans sa maison que pour en sortir trois heures aprés sans se donner le repos d'une nuit : on peut encore observer quelque chose de plus fort, comment accorder cette precipitation & ces affaires si pressantes avec ce que les Accusez font dire à André Auguay hôte de l'Ecu, qui dit que le Sieur de la Pivardiere est arrivé chez lui le 13. d'Août au soir, ce lieu n'est pas loin de la maison de Nerbone, en partant à dix heures du matin le 14. comme il a fait le 15. il se seroit reposé deux jours chez luy dans sa propre maison, cela étoit plus naturel que de demeurer dans un cabaret à la porte : suivons les démarches qu'on lui fait faire, il arrive donc chez lui le 15 d'Août, & il part la nuit même pour aller en diligence faire ses affaires, il n'y a personne qui voyant la précipitation du Sieur de

C iij

la Pivardiere, ne penſe d'abord qu'il va prendre la poſte, vo'ci cependant de la maniere qu'il s'y prend, pour aller en diligence : il part à pied ; ce départ à pied ne s'accorde pas avec l'empreſſement du Sieur de la Pivardiere, il ne dit pas le lieu où il alloit ; mais le Procés verbal du 21. Septembre va nous l'apprendre : ce même Auguay Chirurgien, hoſte de l'Ecu, qui a dépoſé que le Sieur de la Pivardiere avoit logé chez lui le 13. & le 14. le retrouve le 16. & le 17. à Chaſteauroux à l'Hoſtellerie des trois Marchands, à voir l'empreſſement du Sieur de la Pivardiere, à entendre les termes de ſa déclaration, rien de plus important que ce voyage, écoûtons ce témoin ? apprenons de ſa bouche les affaires de conſequence que le Sieur de la Pivardiere va faire à Chaſteauroux : le témoin & lui avec l'Hoſte des trois Marchands, & un Soldat, ſont partie, joüent à la boule & vont enſuite boire enſemble : falloit-il ſe relever la nuit & aller ſi promptement pour joüer à la boule avec deux Cabaretiers & un Soldat, n'y a-t'il pas dans cette conduite de l'extravagance.

Le Dimanche dix-huit, ce même Auguay étant ſur ſa porte, voit repaſſer ce même la Pivardiere le fuſil ſur l'épaule : le voici dans une autre poſture, il va à Iſſoudun : ce n'eſt plus un joüeur de boule, le voilà devenu chaſſeur : il paroît qu'il ſéjourna à Iſſoudun le dix-neuf quand il en partit le lendemain matin : il dit qu'il alloit prendre le chemin de Bourges : c'eſt icy ou nous l'allons perdre de veuë pour quelque temps, mais auſſi quand nous le retrouverons on verra un grand changement dans ſa perſonne ; on ne prend pas ſoin de nous iuſtruire comment il arriva à Auxerre ; c'eſt-là pourtant où nous allons (non pas le trouver) mais apprendre de ſes nouvelles : le frere du Prieur de Miſeray, Religieux du même Ordre, fait dreſſer un Procés verbal par deux Notaires d'Auxerre, on y voit pluſieurs témoins, qui atteſtent qu'ils connoiſſent du Bouchet de la Pivardiere, qu'il a épouſé Elizabeth Pillard, qu'il eſt Sergent à Auxerre, & qu'il y fait cette fonction depuis long-temps, que s'en étant abſenté quelques mois, il y eſt revenu à la fin d'Aouſt, & qu'il n'en eſt juſtement parti que la veille du Procés verbal, c'eſt-à-dire le 6. Octobre : voicy un nouvel homme, il étoit Officier de Dragons le 15. Aouſt, le voilà le 6. Octobre Sergent à Auxerre. On avoit juſqu'icy fait faire à tous ceux qui ont parlé de la Pivardiere, une deſcription de ſa perſonne & de ſon équipage, mais icy pas un témoin n'en parle.

En effet quelle reſſemblance ce du Bouchet a-t il avec le Sieur de la Pivardiere, l'un eſt Gentil-homme Officier de Dragons, dont on a vanté la qualité & les grandes alliances ; icy c'eſt un Sergent dont les affaires ſont en ſi mauvais état, que ſa femme a été obligée de ſe faire ſeparer d'avec lui, ce Sergent s'appelloit du Bouchet de ſon nom de famille, & ſignoit du Bouchet, on lui fait donner par les témoins la qualité de la Pivardiere : la Pivardiere étoit le nom de famille de celui que nous cherchons, & il ne s'appelloit du Bouchet que pour le diſtinguer de ſes freres, ils ne conviennent donc pas même du nom. Il paroît

donc évidemment que ce Gentil-homme & ce Sergent font deux perfonnes différentes.

Il faut fuivre nôtre homme jufqu'au-bout ; il étoit à Auxerre le 6.
d'Octobre au foir, il n'en a pû partir que le fept au matin, encore qu'il
foit à pied on lui fait faire tres-grande diligence, cependant il arrive à
Metz en moins de trois jours, quoy qu'il y ait plus de foixante & dix
lieuës de diftance ; on fuppofe qu'il y eft le dix, il écrit le même jour à
fa femme, la Lettre eft du dix Octobre : icy il reprend fa figure naturelle, on le voit dans les fonctions de Lieutenant de Dragons ; c'eft
donc là où il va fixer fa courfe après tant de voïages : en effet il écrit
à fa femme qu'il ne peut obtenir un congé de fon Colonel, & qu'elle
peut lui écrire à Metz ; fuivant fa Lettre il attendra à Metz réponfe
de fa femme, pour fçavoir fi la pourfuite des Juges de Chaftillon conti-
nuë : cependant il fait une démarche toute contraire, je ne fçay par
quel enchantement il fe trouve tout d'un coup tranfporté à Flavigny
prés d'Auxerre le 22. Octobre, & de là il envoye pouvoir à fa femme
de pourfuivre la prife à partie qu'elle a commencée contre les Juges de
Chaftillon ; il faut qu'il foit fort preffé puifqu'il ne peut pas venir jufques
chez lui pour la tirer d'embarras : mais puifqu'il ne pouvoit quitter fon
Regiment, d'où vient qu'il n'a pas envoïé fa procuration de Metz, &
qu'il fait foixante & dix lieuës pour paffer cette procuration à Flavigny,
cela ne fe peut raifonnablement expliquer. Mais la démarche qu'on lui
fait faire par cet acte n'eft-elle pas contraire à ce que ce faux la Pivardiere avoit promis par fa Lettre du 10. Octobre, il dit que s'il peut obtenir fon congé, il viendra la tirer de cette mechante affaire : il arrive
cependant à Flavigny, fi nous en croyons l'acte paffé devant les Notaires
de ce ce lieu : il a donc quitté l'armée, pourquoy ne pas venir chez lui
pour une affaire auffi importante que celle dont il s'agit ? on dit qu'il
appréhendoit la perfecution des Juges ; s'il veut donner quelque couleur
à cette raifon que ne vient il ? il n'a rien à redouter, les Juges de Chaftillon font icy fans caractere, leur pouvoir ceffe quand ils paroiffent devant leurs Juges Souverains, s'il eft donc le veritable la Pivardiere, il
doit venir éclaircir une erreur où il a fait tomber tout le monde.

Il fe trouve dans ces actes beaucoup d'autres contradictions ; mais
pour n'être pas trop long on les paffe fous filence, les obfervations qu'on
a faites fuffifent pour faire voir que nonobftant ces actes, on peut encore raifonnablement douter de l'exiftence du Sieur de la Pivardiere.

Il faut examiner les procez verbaux faits par le Lieutenant Général
de Romorentin, qui femblent avoir plus de force, parce qu'ils font ap-
puyez de l'authorité d'un Juge, mais fi l'on les regarde fans prévention,
on verra que ce Juge a moins agi en qualité de Juge que d'Ami, qui
paroît avoir facrifié fon devoir, à la paffion de rendre fervice : la Cour
a regardé fa procedure comme violente, & Monfieur le Procureur General en a interjetté appel ; cela ne regarde point les Juges de Chaftillon,
cette procedure eft étrangere au procez criminel dont il s'agit ; mais
comme on s'en eft fervi comme de fondement pour conclure que les

Intimez n'ont pas dû continuer la procedure aprés ces procez verbaux de reconnoiſſance, on croit qu'il eſt neceſſaire d'y faire quelques obſervations.

Ce qui paroît d'abord de plus fort, eſt ce grand nombre de témoins qui ont été entendus dans ces procez verbaux : quoy, dit-on, deux cens perſonnes ne doivent-elles pas prévaloir au témoignage de deux Servantes, qui même ont varié ; rien de plus foible que ce raiſonnement, qui n'eſt fondé que ſur la certitude des jugemens du Peuple ; le Peuple donne facilement dans l'erreur qu'on lui inſpire quand elle eſt ſoûtenuë par le credit d'un Homme puiſſant : il n'étoit pas difficile au Lieutenant General de Romorentin qui vouloit ſervir les Accuſez de faire appuïer cette reconnoiſſance par quelques témoins affidez, qui déterminoient les autres à reconnoître un Homme, qu'ils n'avoient peut-être jamais vû, & qu'il leur étoit indifferent, de reconnoître ou non ; dans Romorentin qui auroit oſé démentir le Lieutenant General, quand il aſſûroit que c'étoit le Sieur de la Pivardiere : quelle difficulté de faire dire, c'eſt lui, à Luſſé, à Jeu, à Miſeray, où le Prieur & le Lieutenant General de Chaſtillon ont un pouvoir abſolu : la reſſemblance même pouvoit en tromper une partie, car on avoit choiſi un Homme qui avoit beaucoup de rapport au Sieur de la Pivardiere, ſoit naturel, ſoit artificiel, la plûpart cependant ont dit depuis qu'il n'étoit ni ſi gros ni ſi grand, & que quand on le leur preſentoit, il ne les regardoit pas, mais qu'il baiſſoit les yeux, qu'au reſte il y avoit beaucoup de reſſemblance.

Mais quand ces Témoins auroient veritablement crû que c'étoit le Sieur de la Pivardiere, on peut encore douter avec raiſon, ſur les preuves que nous avons de ſa mort, de leur témoignage fondé ſur quelques traits de reſſemblance ; ce n'eſt pas la premiere fois qu'il en a paru, qui appuïez des ſuffrages du public, ſe ſont fait reconnoître pour des Hommes morts ou abſens. Le faux Martin Guerre trompa par la reſſemblance toute une Ville, tous les Parens & la Femme même de Martin Guerre pendant trois ans, & ne fût convaincu que par le retour du veritable ; le faux Martin Guerre fût aſſez témeraire pour porter ſon impoſture au Parlement de Toulouſe, s'y preſentant lui-même pour la ſoûtenir, mais ſe trouvant pris dans le piege qu'il avoit tendu à la Juſtice, il païa de ſa tête la peine de ſa ſuppoſition : cet exemple a apparemment rendu ſage ce pretendu la Pivardiere, il a paru en quelques lieux, mais jamais devant les Juges : s'il ſe hazarde de paroître à Châtillon, ce n'eſt qu'au milieu d'une troupe d'Archers commandez par le Prevoſt des Maréchaux, pour favoriſer ſa retraite, ſi-tôt qu'on le veut arrêter il fuit, pour ne pas avoir le ſort du faux Martin Guerre. Nous avons encore une exemple plus recent de l'erreur que peut produire la reſſemblance. Un Enfant dans la Ville de Vernon fut trouvé entre les mains d'un gueux dans l'Egliſe, & il fut reconnu de toute la Ville pour le fils de la Dame le Moine, qui en avoit perdu un depuis trois ans, & cette erreur populaire ne pût être éclaircie que par un Arreſt celebre,

qui

qui doit servir de monument éternel, pour prouver l'incertitude des jugemens du peuple : en effet, le peuple qui agit presque toûjours par
caprice & par prévention, a le malheur de prendre souvent le plus mauvais parti : *non ita bene cum rebus humanis agitur, ut meliora pluribus
placeant.*

Mais, dit-on, les dépositions de ces Payfans font appuïées de la reconnoiffance des Gentils-hommes & des Curez de ces Paroifses ; & c'eft
en quoy ces déclarations font plus fufpectes : le peuple accoûtumé à
fuivre les impreffions de fes Maîtres, & à redouter le caprice de ceux
qui fe font craindre par leur autorité, a pû fe laiffer feduire pour dire
ou figner des Declarations fur des faits qu'il ignore & qui ne le touchent
point : les Gentils-hommes & Curez de Luffé , de Jeu & lieux circon-
voifins , voulant par un fervice important ménager la famille des Char-
rofts, qui par les Charges & les Benefices qu'ils poffedent , font trés-
puiffans, étant d'ailleurs amis du Prieur de Miferay, ont foutenu cette
reconnoiffance dans leurs Parroiffes, & c'en eft affez pour avoir les fuf-
frages du peuple.

Les dépositions des Gentils-hommes & Dames qui fe trouverent au
fouper chez le Sieur de la Pivardiere lors de fon arrivée , font trés-fuf-
pectes : ne voit-on pas par cette circonftance qu'ils étoient amis du
Prieur & de la Dame, l'Abbaye étoit le rendez-vous ordinaire pour les
parties de plaifir. La reconnoiffance ne demandoit pas moins de leur
generofité, que de dépofer en faveur du Prieur de Miferay, refuferont-
ils un menfonge officieux pour fauver un homme dont ils fouhaitent le
rétabliffement , & ne doit-on pas préfumer qu'ils cherchent à fauver
leur voifin & leur ami.

La bonne opinion qu'on doit avoir de la devotion de l'Abbeffe de
Valencé, & des deux Religieufes Sœurs du Sieur de la Pivardiere, ne
rend pas leur déclaration plus forte, il n'étoit pas difficile de leur perfuader qu'elles ne devoient pas refufer leur témoignage pour fauver la
vie à plufieurs perfonnes, pour empêcher la ruine d'une Famille, & mettre
à couvert l'honneur d'un Ordre confiderable.

Si la Fille du Sieur de la Pivardiere a reconnu cet Homme pour fon
Pere , ne voit-on pas, qu'on a pû perfuader à cet Enfant de fe donner
un faux Pere, pour fauver la tête de fa Mere veritable dont on lui a
fait connoître le peril : la verité s'exprime mieux dans la fimplicité de fa
premiere dépofition, que l'artifice ne l'a pû faire dans cette reconnoiffance qu'on lui a fuggerée.

On a tâché d'embellir le Roman de la Pivardiere d'un fait abfolument
fuppofé ; on a peint ce faux la Pivardiere au bord de l'Eftang de Jeu,
dans le temps qu'on fuppofe que les Juges de Chaftillon cherchoient le
corps du Sieur de la Pivardiere, & qu'à cette apparition ils prirent la
fuite : les Juges de Chaftillon ne s'y font pas trouvez dans le temps
de cette reconnoiffance, apparemment que l'imagination de ce faux
la Pivardiere, qui n'appréhende rien tant que les Juges de Chaftillon, a été frappé d'une terreur panique, qui lui a fait prendre les

D

premiers qui se sont presentez à ses yeux pour ceux dont il redoutoit la presence ; ainsi on ne peut attribuer cette vision qu'au trouble & à l'égarement de l'esprit qui est inseparables du crime.

Pour finir ces observations, il ne reste que de remarquer que tout est affecté dans ces Procez verbaux, le Juge est nommé par la Dame de la Pivardiere, les témoins sont choisis par ce Juge, & les lieux où il se transporte sont soûmis au Prieur de Miseray : on ne voit point qu'on se soit adressé pour la reconnoissance à ceux qui sembloient les témoins necessaires, le frere du Sieur de la Pivardiere & plusieurs proches parens n'y ont point été entendus, ils ne sont point intervenus en la cause, leur silence détruit absolument les inductions qu'on voudroit tirer de la reconnoissance faite par des Etrangers : mais enfin ces Procez verbaux tels qu'ils puissent être, ne regardant point les Juges de Chastillon, ils n'examineront pas davantage ce qu'ils peuvent avoir de défauts.

Aux actes de reconnoissance on a joint quelques lettres qu'on prétend être du Sieur de la Pivardiere ; mais comme elles ne sont point reconnuës ny verifiées par pieces de comparaison, on n'en peut rien conclure, si on les veut faire reconnoître, c'est avec Monsieur le Procureur General qu'on doit faire la verification, les Intimez ne défendent point à la Requeste presentée à cet effet.

A l'égard de la demande en dommages & interests formée par les accusez, elle est prématurée, leur innocence ne paroît pas ; mais quand nous supposerions que par l'évenement ils pourroient être déchargez, ils ne pourroient pas même en ce cas demander des dommages & interests contre les Juges de Chastillon. Un accusateur ne devient pas toûjours coupable, lorsque l'accusé se justifie, dit la Loy 3. au Code *de calomniatoribus*, il peut avoir eu juste raison d'accuser, quoy que dans la suite l'accusé se trouve innocent ; cela est vray même dans un particulier qui n'agit que pour son propre interest ; les Loix distinguent entre la calomnie & l'erreur, le calomniateur est puni, une juste erreur est excusée, c'est la disposition de la Loy 1. §. 3. *ad senatusc. turpill. si quidem (judex) justum accusatoris errorem repererit, absolvit eum ; si in evidenti calumniâ eum deprehenderit, legitimam pœnam ei irrogat.*

C'est ce qui se trouve decidé dans cet Arrest celebre prononcé par Monsieur le Premier President de Harlay, le Roy Henry le Grand séant au Parlement avec le Duc de Savoye en 1600. un Boulanger accusé d'avoir assassiné un de ses locataires, fut appliqué à la question, son innocence étant ensuite reconnuë, il prétendit des dommages & interests contre la mere accusatrice : par l'Arrest il fut déclaré innocent sans aucunes reparations, dommages, interests ny dépens, attendu (portent les Conclusions de Monsieur l'Avocat General Servin) que la mere de celui qui avoit été assassiné ne pouvoit être jugée calomniatrice.

Si cela est vray à l'égard des particuliers, à plus forte raison un Juge à qui la Loy ordonne de poursuivre les crimes pour l'interest public : & dont par consequent l'accusation est necessaire & forcée, ne peut

encourir aucunes condamnations quand l'accufé juftifieroit fon innocence, le Juge n'eft garand que de la fincerité de fes intentions, c'eft un
malheur pour les innocens qui fe trouvent prévenus de crimes, de ce
que le Juge n'eft pas infaillible, & qu'il fe peut tromper dans fes con-
jectures.

Quand donc on fuppoferoit l'innocence des accufez, la bonne foy
des Juges de Chaftillon dans l'inftruction de la procedure, ferviroit
d'exception à la demande des accufez. Quand on fuppoferoit même
qu'ils auroient erré, la conduite des accufez auroit donné lieu à l'erreur,
leur fuite, leurs chicanes, les contradictions des actes qu'ils produifent,
l'abfence de ce prétendu la Pivardiere, donnent une préfomption violente du crime, qui ne peut être détruite par la démarche de la Dame
de la Pivardiere qui s'eft mife en état; on pourroit prouver par plufieurs
exemples, même recens, que quelquefois des criminels, qui pouvoient
par une fuite falutaire fe fouftraire à la Juftice, font devenus en fe met-
tant en état, les victimes malheureufes de leur temerité; ainfi fi la Dame
de la Pivardiere s'eft mife en prifon, cela ne prouve point fon innocence,
l'évenement juftifiera, fi elle a été témeraire ou non: il feroit inutile
d'établir plus long-temps cette Jurifprudence, car elle ne fe peut ap-
pliquer à nôtre efpece, les preuves cy-deffus rapportées, ne déter-
minent pas à préfumer l'innocence des accufez.

Comment ont-ils ofé avancer que les Juges de Chaftillon n'ont agi
que par haine & par vengeance, & qu'ils ont fuborné les témoins, puifqu'ils n'ont pû rapporter la moindre preuve, pas même de couleurs
apparentes de fubornation: par cette fauffe accufation ils fe rendent
coupables envers leurs Juges, & ne peuvent éviter une condamnation
de dommages & interefts envers eux: les Intimez n'ont pas befoin de
détruire ces calomnies, le recit du fait tel qu'il eft, contient leur ju-
ftification: la fageffe & l'integrité de Monfieur le Procureur General,
qui a approuvé & foûtenu leur procedure, met leur conduite hors de
tout foupçon. La Cour qui par fon Arreft leur a confié l'inftruction,
nonobftant la prife à partie, les juftifie de la calomnie des accufez;
ces préjugez favorables ne permettent pas aux Juges de Chaftillon de
douter que l'Arreft qui interviendra fera dans le public un témoignage
authentique de leur zele dans les fonctions de leurs Charges, & de l'é-
quité de la procedure qu'ils ont été obligez de faire contre les Accufez.

Me BONAMOUR, Avocat.

Permis d'Imprimer ce 11. *Juillet* 1698.
D'ARGENSON.

www.ingramcontent.com/pod-product-compliance
Lightning Source LLC
Chambersburg PA
CBHW060530200326
41520CB00017B/5187